자두의 과학일기

자두의 과학일기 [화산과 지진]

2025년 10월 10일 개정판 1쇄 인쇄
2025년 10월 20일 개정판 1쇄 발행

글 | 고희경
그림 | 최호정, 이수현

발행인 | 정동훈
편집인 | 여영아
편집 | 김지현, 김학림, 김상범, 변지현, 임선진
디자인 | 장현순, 김지수
제작 | 김종훈, 박재림
발행처 | 학산문화사
등록 | 1995년 7월 1일 제3-632호
주소 | 서울 동작구 상도로 282 학산빌딩
전화 | 편집 문의 02-828-8873 영업 문의 02-828-8962
팩스 | 02-823-5109
홈페이지 | www.haksanpub.co.kr

ⓒ이빈, 고희경, 최호정 2025
ISBN 979-11-411-7444-6 74400
　　　979-11-411-7292-3 (세트)

※KC마크는 이 제품이 공통안전기준에 적합하였음을 의미합니다.
※이 책은 저작권법에 따라 한국 내에서 보호받는 저작물이므로 무단 전재와 무단 복제를 금합니다.
　이 책의 전부 또는 일부를 이용하려면 반드시 저작권자와 출판사의 동의를 받아야 합니다.
※잘못된 책은 바꾸어 드립니다.

안녕 자두야 과학일기

자두가 가장 궁금해하는
화산과 지진 상식 25가지

【 화산과 지진 】

채우리

| 머리말 |

우르릉 콰광! 쩌저적 쩍!
어이쿠, 조심해요!

지구 곳곳에서는 지금도 커다란 화산이

시뻘건 불덩어리를 내뿜으며 폭발하고 있어요.

멀쩡하던 땅이 갑자기 흔들리거나 갈라지는

지진이 일어나기도 하고 말이에요.

대체 지구 속에서는 어떤 일이 벌어지고 있는 걸까요?

화산과 지진이 왜 일어나는지 잘 알지 못했던 먼 옛날에는

하늘이나 신이 단단히 화가 난 줄 알고 두려워하기도 했어요.

다행스럽게도 지금은 화산과 지진에 대해서 많은

것을 알게 됐어요.

지구는 지금 이 순간에도 살아서 움직이고 있어요.

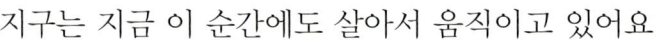

겉으로 보기엔 고요하지만 지구 속은 지금 부글부글 끓고 있어요. 그리고 아주 조금씩 땅도 움직이고 있지요.
그 덕분에 화산이 터지기도 하고 땅이 갈라지는 지진이 일어나기도 하는 거예요.
어휴, 무시무시해서 못살겠다고요?
그렇지 않아요. 그럴수록 화산과 지진에 대해 잘 알고 대비한다면 오히려 화산과 지진을 이용할 수 있답니다.
자, 그럼 자두랑 함께 흥미진진한 화산과 지진 이야기 속으로 떠나 볼까요?

고희경

| 차례 |

1장 화산이 부글부글

비상! 대폭발이 일어났다! · 10
화산 폭발이 뭐예요?

아이, 딱딱해! · 14
지구의 속은 어떻게 생겼나요?

지구는 움직이는 퍼즐판 · 18
땅이 계속 움직이고 있다고요?

은희랑 한판 승부 · 22
화산과 지진이 일어나는 곳이 모여 있다고요?

살거나 죽거나? · 26
화산도 죽어요?

2장 매력 만점 화산 이야기

콧물 3종 세트 · 32
마그마도 종류가 있다고요?

애기를 울린 날 · 36
화산에서 이상한 게 날아온다고요?

자두의 뾰루지 · 40
화산 모양은 왜 달라요?

징조를 얕보지 마! · 44
화산이 폭발하는 걸 미리 알 수 있다고요?

화산에서 살아남기 · 48
화산이 터지면 어떻게 하죠?

3장 땅이 흔들흔들

엄마의 원피스 · 54
땅이 왜 저절로 갈라지나요?

엄마를 조심해 · 58
지진 크기를 어떻게 나누나요?

대피 소동 · 62
진원과 진앙은 뭐가 다른가요?

윤석이는 P파, 돌돌이는 S파 · 66
지진을 전달해 주는 배달부가 있다고요?

끝났다고 끝난 게 아니야 · 70
지진 뒤에 따라다니는 게 있다고요?

4장
조마조마 지진 이야기

수영장 사건 · 76
바닷물이 넘친다고요?

남의 이야기가 아니다 · 80
우리나라는 지진 안전지대가 아닌가요?

지진을 알아내는 동물들 · 84
동물이 지진을 미리 알아차린다고요?

지진을 대비해요 · 88
지진을 대비하려면 어떻게 해야 하죠?

지진에서 살아남기 · 92
지진이 일어나면 어떻게 하죠?

5장
화산과 지진, 이용하며 살아가요

날 보러 와요 · 98
화산을 보러 가는 이유가 뭔가요?

화산재의 두 얼굴 · 102
화산이 농사를 도와준다고요?

마그마에서 생긴 보석 · 106
화산에서 보석이 나온다고요?

뜨끈뜨끈 온천 · 110
온천은 왜 생겼나요?

지열 이용하기 · 114
화산에서 어떻게 에너지를 얻나요?

1장 화산이 부글부글

01 비상! 대폭발이 일어났다!
화산 폭발이 뭐예요?

02 아이, 딱딱해!
지구의 속은 어떻게 생겼나요?

03 지구는 움직이는 퍼즐판
땅이 계속 움직이고 있다고요?

04 은희랑 한판 승부
화산과 지진이 일어나는 곳이 모여 있다고요?

05 살거나 죽거나?
화산도 죽어요?

화산 폭발

비상! 대폭발이 일어났다!

| 4월 16일 월요일 | 날씨 사이다도 폭발하고 나도 화난 날 |

사이다를 사서 오다가 친구들이랑 딱 마주치고 말았다. 바쁘다고 핑계를 대고는 얼른 도망쳤다. 돌아보니까 돌돌이가 한입만 달라며 쫓아왔다. 나는 얼른 먹어 치우기로 했다. 그런데 뚜껑을 여는 순간 푸슉! 하는 소리가 나면서 엄청난 거품이 솟구쳐 나왔다! 민지는 화산 폭발 모습이랑 똑같다면서 신기해했다. 정말 화산 폭발이 일어나면 이런 모습일까?

알짜배기 과학 상식

화산 폭발이 뭐예요?

화산은 보통 산과 다른가요?

보통 산들은 골짜기랑 봉우리가 있고 다른 산들과 이어져 있지. 하지만 화산은 다른 산들과 이어져 있지 않고 큰 폭발을 일으킨 봉우리 하나로 되어 있단다.

화산은 앞산이나 뒷산처럼 흔히 볼 수 있는 평범한 산이 아니야. 부글부글 끓어오르는 마그마라는 것이 터져 나오는 불덩어리 산을 말한단다.

마그마는 땅속 깊은 곳에 있던 암석들이 녹은 거야. 어찌나 뜨거운지 펄펄 끓으면서 언제쯤 땅 밖으로 나갈지 기회를 노리고 있지. 그러다가 큰 압력을 받게 되면 땅의 갈라진 틈이나 약한 부분을 뚫고 터져 나오는데, 그게 바로 화산 폭발이야.

화산 폭발은 정말 무시무시해. 회색의 화산재가 수천 미터 높이까지 뿜어져 퍼져 나가고 시뻘건 마그마가 용암이 되어 줄줄 흘러내리기도 하지. 고약한 냄새가 나는 가스가 가득 뒤덮이기도 해.

갑작스러운 화산 폭발은 사람들에게 정말 공포의 대상이었을 거야. 지금 이 시각에도 세계 곳곳에서는 화산이 활발하게 움직이고 있단다.

[지구의 내부]

아이, 딱딱해!

4월 18일 화요일 | 날씨 좋다가 말아서 아쉬운 날

쉬는 시간에 민지는 책을 읽고 나는 깜빡 잠이 들었다. 그런데 꿈속에서 민지의 목소리가 들렸다. 겉은 둥그렇고 속은 촉촉한 찐빵, 만두, 호빵들이 막 나타났다. 나는 입을 크게 벌린 다음 콱 물었다. 그런데 속이 엄청나게 뜨겁고 딱딱했다! 깜짝 놀라서 깨어 보니 꿈이었다. 꿈이 너무 생생해서 정말로 이빨이 얼얼했다. 민지 말처럼 지구의 속도 정말 그렇게 뜨거울까?

알짜배기 과학 상식

지구의 속은 어떻게 생겼나요?

마그마는 시뻘겋게 끓고 있던데 얼마나 뜨겁나요?

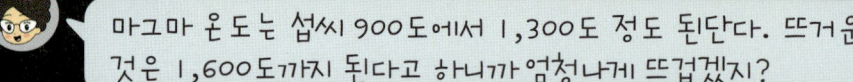
마그마 온도는 섭씨 900도에서 1,300도 정도 된단다. 뜨거운 것은 1,600도까지 된다고 하니까 엄청나게 뜨겁겠지?

지구의 속은 4개의 층으로 나누어져 있어. 가장 겉 부분인 지각부터 속으로 들어가면서 맨틀, 외핵, 내핵이 있지.

지각은 지구를 싸고 있는 가장 바깥 부분이야. 우리들은 이곳을 밟고 서 있기도 하고, 집을 짓기도 하지.

지각 아랫부분엔 맨틀이 있어. 맨틀은 지구 속에서 가장 두꺼운 부분이야. 무거운 암석 덩어리들로 되어 있는데 어찌나 뜨거운지 암석이 말랑말랑하게 녹을 정도란다. 화산이 폭발할 때 터져 나오는 마그마는 이곳 맨틀에 있다가 지각 밖으로 솟구쳐 나오는 거야.

맨틀 아래로 가면 지구의 중심부로 가게 되는데 이곳에

핵이 있어. 핵은 금속으로 이루어져 있고 섭씨 6,000도나 되어서 철도 녹일 만큼 뜨겁단다. 핵의 바깥 부분인 외핵은 액체 상태지만 내핵은 고체 상태야. 외핵이랑 맨틀, 지각이 내핵을 꽁꽁 둘러싸고서 강하게 누르고 있기 때문에 내핵은 단단한 고체 상태로 있는 것이란다.

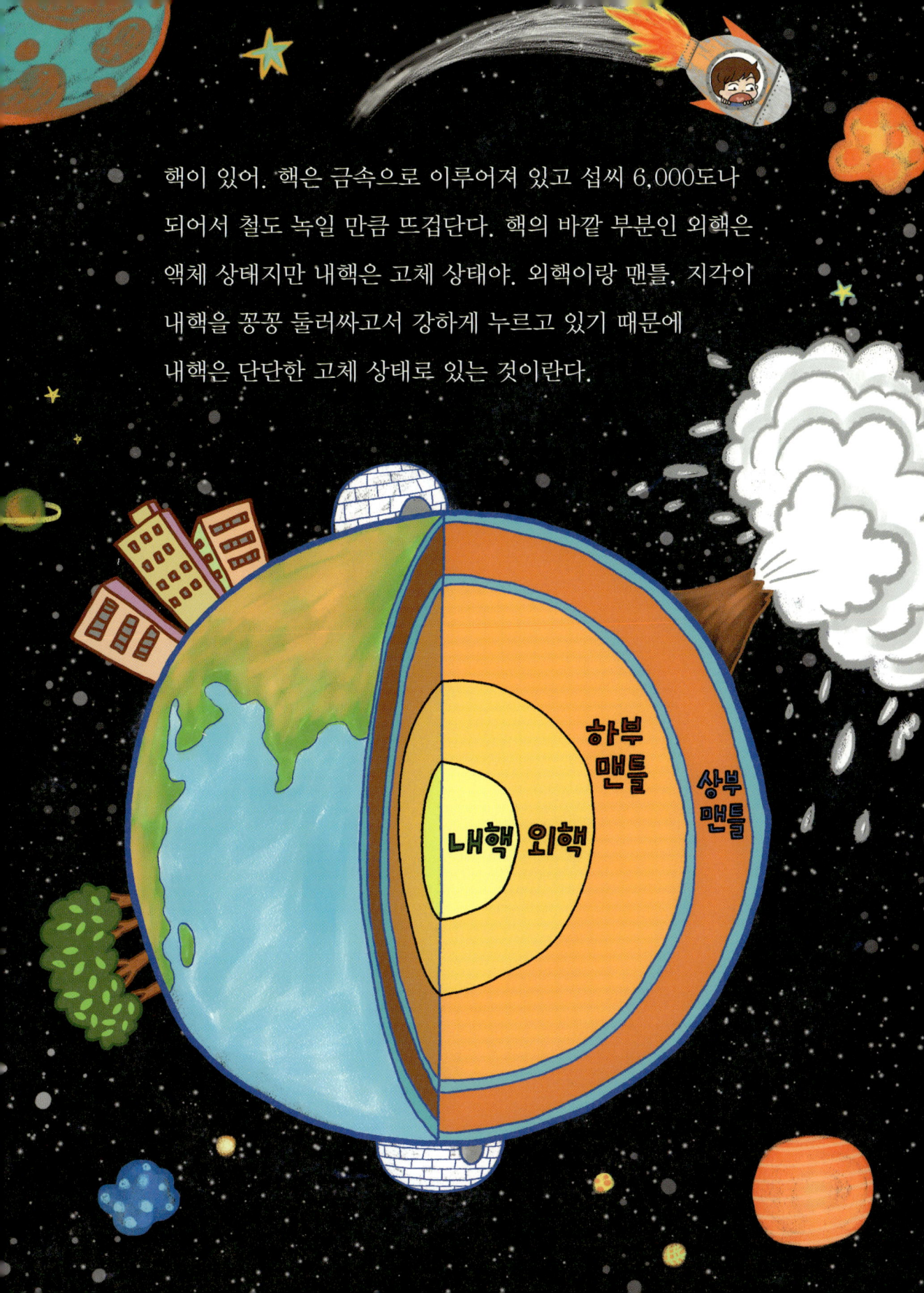

[판의 이동]

지구는 움직이는 퍼즐판

| 4월 23일 월요일 | 날씨 딸기한테 하루 종일 미안했던 날 |

돌돌이를 잡으러 가다가 딸기랑 부딪혔다. 하필 퍼즐이 와장창 박살 났다. 나는 금방 다시 해 주겠다고 했다. 그런데 이게 뭐냐. 조각조각 떨어져서 뭐가 뭔지 통 알 수가 없었다. 나도 모르게 누가 이렇게 잘라 놨냐고 짜증을 냈다. 그런데 딸기가 지구 땅덩어리가 원래 그렇다고 했다! 지구가 이런 모습이라니, 정말일까?

땅이 계속 움직이고 있다고요?

판은 1년에 얼마나 움직이나요?

판이 움직이는 속도는 매우 느려. 1년에 1~12cm 정도 움직인단다. 1년 동안 겨우 몇 센티미터를 움직이니까 눈으로 확인할 수도 없고 마치 움직이지 않는 것처럼 느껴지는 거야.

세계 지도를 펼쳐 보면 지구의 땅은 커다란 덩어리처럼 보여. 하지만 알고 보면 지구의 표면은 크고 작은 여러 개의 판으로 이루어져 있단다. 마치 퍼즐처럼 말이야.

판은 맨틀 윗부분에 지각이 붙어 있는 모양새야. 이 거대한 퍼즐판은 가만히 있지 않고 계속 움직이고 있어. 그 이유는 '맨틀 대류' 때문이란다.

상승

하강

주전자에 물을 끓여 봐. 물을 데우면 데워진 부분이 위로 올라가고 차가운 부분은 아래로 내려온단다. 그리고 차가운 부분이 뜨거워지면 다시 위로 올라가 빙글빙글 돌면서 물이 데워지지. 이런 원리를 '대류'라고 해.

맨틀도 이런 원리로 움직이고 있어. 맨틀의 아랫부분에 있던 물질이 뜨거워지면 위로 올라오고, 옆으로 퍼지다가 점점 식으면 다시 아래로 내려가지. 맨틀이 이렇게 움직일 때 맨틀 위에 있는 판도 함께 움직이게 된단다.

평소에는 판이 움직이는 걸 느끼긴 힘들어. 하지만 사람들이 깜짝 놀랄 만큼 느끼게 될 때가 있어. 바로 화산과 지진이 일어날 때란다.

[불의 고리]

은희랑 한판 승부

| 4월 24일 화요일 | 날씨 은희 때문에 짜증 난 날 |

체육 시간이었다. 선생님이 옆에 있는 애랑 짝을 지으라고 하셨다.
하필 은희랑 짝이 되었다. 은희가 내가 마음에 들지 않는다며
투덜거렸다! 흥, 나도 마찬가지거든! 은희랑 내가 싸울까 봐
친구들이 우리를 뜯어말렸다. 선생님도 뛰어오셨다. 선생님은 우리
둘이 안 참고 부딪히니까 화산처럼 터지는 거라며 속상해하셨다.
그런데 화산이 터질 때도 은희랑 나처럼 부딪히는 걸까?

알짜배기 과학 상식

화산과 지진이 일어나는 곳이 모여 있다고요?

무서워!

불의 고리에서는 지진과 화산 중 어떤 것이 활발하게 일어나요?

지진이 자주 일어나는 '지진대'와 화산 활동이 활발한 '화산대'는 주로 판의 경계 부분에 모여 있어. 지진과 화산이 잘 일어나는 곳은 거의 같단다. 전 세계에서 일어나는 화산의 70% 이상, 지진의 80~90%가 이곳에서 일어나고 있지.

지구의 판들은 지금도 조금씩 움직이고 있어. 그런데 판들이 서로 부딪혀서 충돌한다면 어떻게 될까?

판과 판은 서로 힘겨루기를 하게 돼. 두 판은 팽팽하게 맞서다가 무거운 판이 가벼운 판 아래로 밀려들어 간단다. 그러면서 열이 생기는데 무거운 판 위쪽에 있는 맨틀을 녹이게 되지. 이렇게 녹은 암석이 바로

무서워잉~

우와

불의 고리

마그마야.
　마그마는 점점 모이면서 부풀어 올라. 그러다가 판끼리 충돌할 때 생긴 틈이나 약한 지각 틈으로 솟구쳐 나오게 되는데 그게 바로 화산이야. 그러니까 판이 충돌하면 화산이 터지는 거지. 그런데 만약 판과 판이 멀어진다면 어떻게 될까? 판과 판이 멀어지면 지각 사이로 틈이 생기게 돼. 이 틈 사이로도 마그마가 솟구치게 나오면서 화산이 터진단다.
　그러니까 화산은 판과 판이 충돌하거나 사이가 멀어지는 곳에서 발생하게 되는 거야. 판과 판이 만나고 부딪히는 경계 부분을 세계 지도에 표시해 보면 태평양을 감싸고 둥그런 띠를 이루는 걸 알 수 있어. 화산과 지진은 바로 이 띠 부분에서 많이 일어나. 이 띠를 불의 고리, 또는 환태평양 화산대(환태평양 지진대)라고 불러.

[화산의 명칭]

살거나 죽거나?

여러분! 보시다시피 저 화산은 곧 터질지도 모르는 살아 있는 활화산이랍니다.

….

히히, 미미는 활화산이 아니군.

내 과자, 내 과자

역시 애기는 활화산이로구만~!

이크! 대형 활화산이다!

최자두! 동생들 과자나 뺏어먹고 뭐 하는 거야!

| 4월 26일 목요일 | 날씨 화산에 가 보고 싶은 날 |

오늘 텔레비전에 커다란 화산이 나왔다. 그 화산은 금방 터질 수도 있는 활화산이라고 했다. 나는 텔레비전을 보면서 미미랑 애기 과자를 한 움큼 뺏어 먹었다. 그런데 애기가 소리를 지르며 울었다. 엄마는 동생들 과자를 뺏어 먹었다고 혼을 냈다. 역시 애기는 언제나 터질 수 있는 활화산이 맞다. 그리고 엄마는 아주아주 거대한 특대형 활화산이다. 으악!

화산도 죽어요?

휴화산은 또 뭐예요?

과거에 화산 활동을 했지만 현재는 활동하지 않는 화산을 '휴화산'이라고 부르기도 했었지. 하지만 지금은 이 말을 쓰지 않아. 마그마를 가지고 있는 화산이라면 쉬고 있는 화산도 모두 활화산으로 분류한단다.

화산도 살아 있는 화산이 있고 그렇지 않은 화산이 있다니 참 신기해. 겉으로 보기엔 다 비슷비슷해 보이는데 말이야. 하지만 화산 밑에 있는 마그마가 활동을 하고 있는지 그렇지 않은지에 따라 화산은 두 갈래로 나눌 수 있어.

오랫동안 **화산 폭발**이 없었더라도 앞으로 **폭발 가능성**이 있는 화산도 **활화산**이야!

현재 마그마가 활발하게 활동하는 화산은 활화산이라고 해. 또 오랫동안 화산 폭발이 없었더라도 앞으로 폭발 가능성이 있는 화산도 활화산에 포함한단다.

그렇다면 화산 활동 기록이 없는 화산은 무엇이라고 부를까? 예전엔 이런 화산은 '사화산'이라고 분류했어. '죽은 화산'이라는 뜻이었지. 그런데 이런 분류가 딱 들어맞지 않는 걸 알게 됐어. 파푸아의 라민톤 화산처럼 사화산으로 취급되었던 화산이 갑자기 폭발하는 바람에 3천 명이라는 사람들이 피해를 보는 일이 일어나기도 했거든.

그래서 이제는 앞으로 활동할 염려가 있는 화산은 '활화산', 그 밖의 화산들은 '그렇지 않은 화산'으로 나누어 구별하고 있어.

2장 매력 만점 화산 이야기

01 콧물 3종 세트
마그마도 종류가 있다고요?

02 애기를 울린 날
화산에서 이상한 게 날아온다고요?

03 자두의 뾰루지
화산 모양은 왜 달라요?

04 징조를 얕보지 마!
화산이 폭발하는 걸 미리 알 수 있다고요?

05 화산에서 살아남기
화산이 터지면 어떻게 하죠?

[마그마의 종류]

콧물 3종 세트

| 4월 30일 월요일 | 날씨 코감기에 걸린 날 |

엄청나게 지독한 코감기에 걸렸다. 양쪽 콧구멍에서 걸쭉한 콧물이 자꾸 나왔다. 학교에 갔더니 윤석이도 맑은 콧물을 훌쩍거렸다. 돌돌이는 한쪽 콧구멍에서 콧물이 주르륵 흘러나왔다. 그래도 내 코감기가 제일 지독했다. 그런데 은희가 우리들 콧물을 보고 '마그마 3종 세트' 같다며 웃어댔다. 뭔가 기분이 나쁘다. 마그마 3종 세트라니. 마그마랑 콧물이 비슷하다고?

알짜배기 과학 상식

마그마도 종류가 있다고요?

마그마랑 용암은 뭐가 달라요?

지하에 있던 마그마가 땅 밖으로 흘러나와 가스 성분이 빠져나간 것을 용암이라고 불러. 화산이 폭발하고 나서 뜨겁고 시뻘건 액체가 흘러나오지? 그게 바로 용암이야.

화산을 보면 하나하나마다 성질도 다르고 생김새도 다 달라. 그건 터져 나오는 마그마가 다르기 때문이란다.

마그마라고 모두 똑같은 건 아니야. 어떤 건 줄줄 흐르고 어떤 건 끈적끈적하게 흐르거든. 이렇게 차지고 찐득한 정도를 '점성'이라고 해. 꿀이랑 물을 비교해 봐. 꿀이 물보다 훨씬 끈적거리지? 꿀은 점성이 강하고

난 유문암질 마그마 점성이 강해서 잘 흐르지 않아!

[화산 분출물]

애기를 울린 날

| 5월 2일 수요일 | 날씨 애기를 엄청 울린 날 |

텔레비전을 보고 있는데 애기가 자꾸 놀아 달라고 했다. 나는 귀찮아서 조금 화를 냈다. 그랬더니 애기가 갑자기 큰 소리로 울었다. 눈물, 콧물, 침, 코딱지, 과자 부스러기가 막 터져 나왔다. 미미가 화산이 터져도 이런 게 막 튀어나온다고 했다. 미미는 별걸 다 안다. 그런데 정말 미미의 말이 사실일까?

알짜배기 과학 상식

화산에서 이상한 게 날아온다고요?

화산 근처에 가면 달걀 썩는 냄새가 난다던데 왜 그런가요?

화산 가스에는 수증기가 가장 많지만 이산화탄소, 이산화황, 황화수소 등 여러 기체가 들어 있어. 이런 가스들에서 유황 냄새가 나는데 그게 바로 달걀 썩는 냄새란다.

화산이 폭발하면 기체, 액체, 고체 등 여러 가지 물질들이 튀어 나온단다. 이렇게 화산이 분출할 때 나오는 물질들을 화산 분출물이라고 해. 화산 분출물에는 화산 가스, 화산재, 화산력, 화산암괴, 화산탄, 용암 등이 있어.

화산 가스는 마그마 속에 녹아 있던 기체들인데, 마그마가 땅 밖으로 갑자기 나오면서 마그마 속에서 빠져나온 것들이야. 매우 뜨겁고 몸에 해로운 기체들도 많으니 조심해야 해.

그다음 퍼지는 것은 화산재야. 알갱이 크기가 아주

작아서 재처럼 보이고 매우 부드럽단다. 하지만 엄청나게 많은 화산재가 뿜어져 나오면 큰 피해를 가져올 수 있어.

화산재보다는 크지만 지름 크기가 64mm보다 작은 화산 암석들은 화산력, 64mm보다 크고 뾰족한 것은 화산암괴라고 해. 화산탄은 마치 감자처럼 생겼는데 멀리까지 날아가서 퍽퍽 떨어지는 것이 폭탄 같다고 해서 붙여진 이름이란다.

그다음 시뻘건 액체가 흘러나오는데 그게 바로 용암이야. 용암은 천천히 흘러내리다가 서서히 식으면서 멈추게 되고 굳어서 암석이 된단다.

[화산의 모양]

자두의 뾰루지

| 5월 8일 화요일 | 날씨 대형 뾰루지 때문에 우울한 날 |

얼굴에 커다란 뾰루지가 났다. 보기 싫고 아팠다. 그런데 은희가 보더니 조금만 짜면 예뻐진다는 거다. 나는 용기를 내어 뾰루지를 꾹 짰다. 얼마나 아픈지 눈물이 찔끔 났다. 뾰루지에서도 피가 쭉 나왔다. 그런데 다 짜고 나니까 더 커지고 보기 싫어졌다! 은희는 성층 화산이라며 웃었다. 그냥 둘 걸 그랬다. 어쩐지 속은 느낌이다. 대체 순상 화산이 뭐고 성층 화산은 뭘까?

알짜배기 과학 상식

화산 모양은 왜 달라요?

제주도의 한라산은 어떤 화산이에요?

한라산은 순상 화산이야. 현무암질 마그마가 빨리 흐르면서 굳어서 만들어졌기 때문에 경사가 낮고 방패를 엎어 놓은 듯 둥그런 모습이야. 하지만 정상의 백록담 부근은 유문암질 마그마로 만들어진 종상 화산 모습도 가지고 있어서 매우 독특하단다.

화산의 모양은 저마다 다르게 생겼어. 그 이유는 마그마의 성질 때문이지. 그 때문에 어떤 화산은 낮고 둥그런 모습이고 어떤 화산은 높고 뾰족한 모습이야. 또 어떤 화산은 종처럼 생겼지. 낮고 둥그런 화산을 순상 화산, 높고 뾰족한 화산을 성층 화산, 종 모양의 화산을 종상 화산이라고 해.

점성이 낮은 현무암질 마그마는 용암이 빨리 흘러내려. 그래서 넓적하고 기울기가 낮은 순상 화산을

순상화산!

만들어 낸단다.

성층 화산은 점성이 높은 유문암질 마그마랑 안산암질 마그마가 강력한 힘을 받아 폭발하면서 만들어진 화산이야. 폭발도 크고 끈적끈적한 마그마라서 화산 주위에 쌓이기 때문에 가파르고 높은 화산을 만들지.

종상 화산은 안산암질 마그마나 유문암질 마그마 중에서 가장 끈적끈적한 것들이 만드는 화산이야. 용암이 밖으로 나와서도 잘 흐르지 않고 멈추며 굳기 때문에 종 모양처럼 생긴 화산이 된단다.

[화산 폭발 징조]

징조를 얕보지 마

| 5월 11일 금요일 | 날씨 강아지한테 물릴 뻔한 날 |

민지랑 놀이터에 가다가 어떤 집 앞에서 개를 만났다. 대문에 '사나운 개 조심'이라고 쓰여 있었다. 땅콩만 한 개가 사나워 봤자지. 그런데 개가 으르렁거리더니 갑자기 막 짖어댔다. 깜짝 놀라서 넘어질 뻔했다. 갑자기 화산 터지는 것처럼 짖어대다니! 그런데 민지는 처음부터 징조가 있었다고 했다. 그럼 화산도 터지기 전에 징조가 있는 걸까?

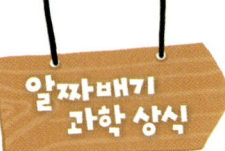

화산이 폭발하는 걸 미리 알 수 있다고요?

화산의 징조를 미리 알아채는 건 매우 중요해. 근처에 사는 주민들을 미리 대피시킬 수 있거든.

목숨을 구할 수 있겠군요!

화장실 가기 전에 배가 살살 아프다든지 꾸르륵거리거나 방귀가 뿡뿡 나오기도 해. 화산이 폭발하기 전에도 이런 징조가 나타난단다.

화산이 터지기 직전이 되면 가득 고여 있던 마그마가 부풀어 오르게 돼. 분화구 근처 온도는 점점 더 뜨거워지고 갈라진 틈 사이로는 화산 가스가 뿜어져 나오지. 달걀 썩는 냄새가 나는

유황 연기가 피어오르기도 해. 그 때문에 근처에 있던 나무들이 갑자기 말라 죽거나 물고기들이 떼죽음을 당하기도 한단다. 새들이 한꺼번에 다른 곳으로 이동하기도 하고 말이야.

　마그마가 부풀면서 움직이기 때문에 약한 지진들이 일어나기도 해. 하지만 모든 화산이 다 이런 신호를 보내는 것은 아니야. 아무 변화가 없던 화산이 갑자기 분화를 일으키는 경우도 가끔 있거든. 그래서 화산을 연구하는 과학자들은 화산 폭발을 예측하고 피해를 줄이기 위해서 이 순간에도 주의 깊게 화산을 관찰하고 있단다.

[화산이 터지면]

화산에서 살아남기

| 5월 16일 수요일 | 날씨 화산 꿈을 꾼 날 |

어젯밤에 악몽을 꿨다. 가족 여행을 갔는데 아주 멋진 화산이 있었다. 그런데 갑자기 화산에서 콰콰쾅 소리가 나더니 검은 연기가 치솟았다. 우리 모두 걸음아 날 살려라 하면서 뛰었다. 이럴 줄 알았으면 미리 화산 폭발에서 살아남는 방법을 알아두는 건데. 나는 백만 번 후회했다. 그런데 그 순간 잠에서 깨어났다. 휴, 다행이다. 하지만 정말로 화산이 갑자기 터진다면 살아남을 수 있을까?

알짜배기 과학 상식

화산이 터지면 어떻게 하죠?

 화산이 폭발하면 그 폭발력은 어마어마해. 1815년에 폭발한 인도네시아 탐보라 화산의 폭발력은 1945년 일본 히로시마에 떨어졌던 원자폭탄의 4만 배나 되었어. 1만 명이나 되는 사람이 목숨을 잃었지. 하지만 모든 화산이 다 거대한 폭발을 일으키는 건 아니야.

헉! 화산 근처에 가는 건 겁나요.

화산은 무섭기만 한 존재는 아니야. 마그마랑 미세한 땅의 움직임을 잘 관찰하다 보면 어느 정도 예측이 가능하기 때문이야. 최근에는 첨단 장비를 이용해서 지진파를 감시하면서 화산 폭발을 예측하고 있어. 또 인공위성을 이용해서 화산 주변의 지형이 변화하는지 늘 살피고 있지. 하지만 아무리 그렇다고 해도 갑작스러운 화산 폭발을 모두 예측할 수는 없어.

만약 화산의 변화가 느껴진다면 빨리 안전한 곳으로 대피하는 게 좋아. 큰 화산의 경우 반경 10km 이내의 도시와 집들이 묻혀 버릴 수 있기 때문에 그 밖으로 멀리 대피하도록 해. 화산재를 들이마시면 건강에 매우 해롭기 때문에 주의해야 해. 되도록이면 실내로 대피하고, 문이나 창문을 꼭 닫고 물에 적신 수건으로 빈틈을 막아. 마스크를 쓰면 좋겠지만 없다면 젖은 천으로 코와 입을 막는 걸 잊지 마.

3장 땅이 흔들흔들

01 엄마의 원피스
땅이 왜 저절로 갈라지나요?

02 엄마를 조심해
지진 크기를 어떻게 나누나요?

03 대피 소동
진원과 진앙은 뭐가 다른가요?

04 윤석이는 P파, 돌돌이는 S파
지진을 전달해 주는 배달부가 있다고요?

05 끝났다고 끝난 게 아니야
지진 뒤에 따라다니는 게 있다고요?

[지진]

엄마의 원피스

| 5월 19일 토요일 | 날씨 갈라지는 것은 다 무서운 날 |

엄마가 옷을 꺼내 입어 보셨다. 엄마한테 좀 작았다! 하지만 엄마는 날씬해서 괜찮다면서 억지로 지퍼를 잠갔다. 그 순간 두두둑 소리가 나면서 지퍼가 벌어졌다. 옷에서 지진이 나는 것 같았다. 결국 옷은 두 갈래로 찢어지고 말았다. 엄마는 아주 많이 슬퍼했다.

아, 정말 지진이 나면 땅도 저렇게 갈라질까? 지진은 정말 무서울 것 같다.

땅이 왜 저절로 갈라지나요?

지진은 우연히 일어나는 거 아닌가요?

그렇지 않아. 지진은 지구의 땅이 계속 움직이기 때문에 일어나는 거야. 땅이 서로 부딪히는 곳은 지진이 날 가능성이 무척 높아.

갑자기 땅이 흔들리면서 건물이 무너져 내려. 저런, 지진이 났어! 지진은 참 무서워. 한순간에 우리들이 살고 있던 터전을 쑥대밭으로 만들어 버리거든. 이런 무시무시한 지진은 왜 일어나는 걸까? 지진도 화산처럼 판과 판이 부딪히면서 일어난단다.

우리가 딛고 서 있는 땅 밑에서는 엄청난 힘들이 쌓이고 있어. 뜨거운 맨틀이 대류를 일으킬 때 판들도 따라서 조금씩 움직이고 있지. 그러다가 판과 판이 만나게 되면 서로 밀치면서 힘겨루기를 벌인단다.

한동안은 팽팽하게 맞서겠지만 힘이 쌓이면 결국 약한 판이 강한 판 밑으로 구부러져 들어가게 돼. 한참 동안 쌓이기만 하던 에너지가 한순간에 움직이게 되니까 엄청난 힘이 나오겠지? 이 힘 때문에 판이 휘고 끊어지거나 찢어지는데 이때 일어나는 게 지진이야.

그러니까 지진은 모이고 모이던 힘이 더 이상 버티지 못하고 쾅 터지면서, 땅이 끊어지고 흔들리는 현상이야. 지진은 지구가 탄생한 후 한순간도 일어나지 않은 날이 없어. 규모 5.0 이상의 지진이 해마다 1,500여 회나 일어나고 있지. 지금 이 순간에도 세계 어느 곳에서는 지진이 일어나고 있을지도 몰라.

5월 21일 월요일 | 날씨 집안이 흔들린 날

엄마가 화가 났다. 엄마는 화가 나면 발을 쿵쿵거리며 걷는다. 꼭 지진이 난 것 같다. 애기랑 미미한테는 조금 쿵쿵거리며 걸어왔다. 이건 약하니까 진도 3쯤이다. 그런데 나한테 올 땐 더 세져서 진도 5쯤 되는 것 같았다. 문제는 아빠다. 그때까지 쿨쿨 잠만 자고 있었기 때문이다. 엄마가 쿵쿵쿵 다가가는데 얼마나 센지 진도 7쯤 될 것 같았다. 정말 큰 지진이 나면 집이 얼마나 흔들릴까?

알짜배기 과학 상식

지진의 크기를 어떻게 나누나요?

지진 크기는 다 달라.

그걸 어떻게 잴 수 있어요?

과학자들이 지진의 크기를 재는 기준을 정해 놓았단다.

앗, 지진이다! 지금 지나간 지진은 어느 정도의 세기였을까? 지진의 세기를 느낌으로 물어본다면 사람마다 다르게 느낄 수 있어. 어떤 사람은 많이 흔들렸다고 하는데 어떤 사람은 아주 조금 흔들거렸다고 할 수도 있지. 그래서 과학자들은 기준을 세워서 지진의 세기를 정했단다. 그게 바로 '진도'와 '규모'야. '규모'는 지진이 일어날 때 나오는 에너지의 양을 나타내.

절대적인 값이라서 어디서든 똑같지. 리히터에 의해 만들어져서 '리히터 규모'라고도 불려. 규모 3.0처럼 소수 첫째 자리까지 아라비아 숫자로 표현해. 숫자가 클수록 강한 지진이란다.

'진도'는 지진이 일어났을 때 사람이 몸으로 느끼는 정도, 또는 땅이나 건물이 흔들렸을 때 피해를 입은 정도를 숫자로 나타낸 거야. 같은 규모의 지진이 났어도 진도는 지역마다 다를 수 있어. 어느 정도의 영향을 받았느냐에 따라 진도가 달라지거든.

진도는 나라마다 사용하는 것이 달라. 우리나라는 수정 메르칼리 진도를 사용하는데 지진의 세기를 12계급으로 구분한단다. 진도도 숫자가 클수록 강한 지진이야.

〈리히터 규모별 피해 내역〉

0~2.9	지진계로 파악하고 대부분의 사람들은 진동을 느끼지 못해.
3~3.9	사람은 자주 느끼지만 피해를 입히지는 않아.
4~4.9	집 안의 물건이 흔들리는 것을 뚜렷이 관찰할 수 있지만 큰 피해를 입히지는 않아.
5~5.9	좁은 면적에 튼튼하지 못하게 지은 건물들이 심하게 손상을 입어.
6~6.9	최대 160km에 걸쳐 건물들을 파괴해. 전 세계적으로 1년에 약 120건이 발생해.
7~7.9	넓은 지역에 걸쳐 심한 피해를 입혀. 1년에 약 18건 정도 발생해.
8~8.9	수백 킬로미터에 걸쳐 큰 피해를 입혀. 1년에 1건 정도 발생해.
9 이상	수천 킬로미터 지역을 완전히 파괴해. 20년에 1건 발생해.

[진원과 진압]

대피 소동

| 5월 23일 수요일 | 날씨 지진을 일으킨 날 |

재미있는 만화책을 봤다. 엄청 웃겨서 낄낄거리다가 나도 모르게 다리를 떨었다. 그 순간 아이들이 갑자기 우르르 책상 밑에 숨었다. 알고 보니까 지진이 난 줄 알았다는 거다. 민지는 내가 진앙이었다며 웃었다. 내가 다리를 너무 심하게 떨었나 보다. 다음부터는 조금만 떨어야지. 그런데 민지가 말한 진앙이 무엇일까? 지진이랑 무슨 관계가 있는 걸까?

진원과 진앙은 뭐가 다른가요?

 앗! 오늘 지진이 났었대요. 왜 우리는 몰랐을까요?

 진앙에서 멀리 떨어져 있어서 그랬을 거야. 진앙은 지진이 일어난 장소란다.

지진이 어디서 난 건지 궁금하지? 지진은 땅속에서 발생하니까 땅속 어디에서 났는지 찾아야 해. 지진파가 처음 발생한 땅속 지점을 '진원'이라고 해. 땅속에서 지진이 처음 시작된 곳이지.

진원은 땅속이니까 수직으로 쭉 지표면까지 올라오면 지진이 발생한 땅 위의 장소를 찾을 수 있어. 그 지점이 바로 '진앙'이란다. 그러니까 진앙은 진원의 바로 위 지표면 지점이야. 지진이 나면 가장 큰 피해를 입는 곳이 바로 여기야.

진원은 점처럼 작은 지점이 아니야. 지진이 일어나는 곳은 대부분 지층이라서 진원은 수 킬로미터가 되기도 한단다.

진원이 땅속 수백 킬로미터의 깊은 곳이라면 그래도 불행 중 다행이야. 에너지가 지표면까지 올라오는 동안 많이 약해질 테니 말이야. 하지만 만약 진원이 지표면과 가깝다면 피해는 어마어마하게 커질 수 있어. 에너지가 거의 그대로 진앙에 전해질 테니 엄청난 피해를 입을 수밖에 없단다.

[지진파]

윤석이는 P파, 돌돌이는 S파

| 5월 24일 목요일 | 날씨 간식 뺏어먹기 좋은 날 |

민지가 지진파에 대해 말해 줬다. 지진이 나면 지진파가 퍼진다는 것이다. 지진파라니? 나는 부침개처럼 먹는 건 줄 알았다. 아무튼 P파는 빨리 퍼지고 S파는 느리지만 피해를 많이 준다고 했다. 딱 윤석이랑 돌돌이 얘기다. 윤석이는 쌩 도망가고 돌돌이는 이것저것 무너뜨리면서 쫓아오니까. 그런데 지진파 이름이 좀 이상하긴 하다. 왜 P파랑 S파라고 부르는 걸까?

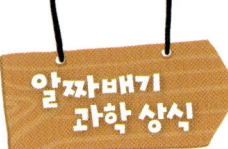

지진을 전달하는 배달부가 있다고요?

 지진이 나면 P파와 S파라는 지진파가 퍼져 나간단다.

 헉, 지진파가 두 개나 된다고요?

연못에 돌을 던져 봐. '퐁당' 하고 떨어지는 순간 물결이 쫙 주변으로 퍼져 나가지? 땅속에서 지진이 났을 때에도 이런 파동이 일어난단다. '파동'이란 진동이 주변으로 퍼져 나가는 현상이야. 지진이 일어나면 지진파가 발생하면서 이처럼 주변으로 퍼져 나가게 돼.

지진이 발생했을 때 나오는 지진파는 여러 가지가 있지만 그중 꼭 알아두어야 할 게 P파와 S파야.

P파, S파라고 하니 어려워 보인다고? 아니야, 그렇지 않아. P파는 '첫 번째의'라는 뜻의 'Primary(프라이머리)'의 첫 글자 P에서 따온 거야. 첫 번째로 도착하는 지진파거든. S파는 '두 번째의'라는 뜻의 'Secondary(세컨더리)'의 S에서 따온 거지.

지진이 일어나면 P파는 전달 속도가 빨라서 가장 먼저 지표면에 도착해. 1초에 6~8km를 달려온단다. S파는 그다음에 도착하는데 1초에 3~4km를 이동하지. P파는 앞뒤로 전달되면서 고체, 액체, 기체를 모두 통과해. 진폭이 작기 때문에 빠르긴 하지만 피해도 적지. 하지만 S파는 위아래로 크게 움직이면서 전달돼. 고체만 통과하고 속도는 느린데 진폭도 커서 피해 정도가 더 크단다.

5월 28일 월요일 | 날씨 축구 하기 좋았던 날

축구를 하다가 옆집 아저씨네 화분을 깼다. 하필 축구공이 그리로 날아갈 게 뭐람. 그런데 저녁 시간이 될 때까지 이상하게 엄마가 너무 조용했다. 다 혼난 건가. 나는 만세를 불렀다. 그러나 그것은 착각이었다. 엄마는 저녁밥을 먹을 생각도 하지 말라고 하셨다. 게다가 간식도 없다고 했다. 흑! 지진이 끝나면 여진이 따라온다고 조심해야 한다더니 이런 건가 보다. 그런데 여진은 지진을 왜 따라다니는 걸까?

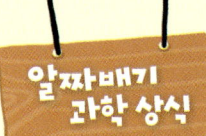

지진을 따라다니는 게 있다고요?

여진이 지진을 따라다닌다는데 맞나요?

조금은 맞고 조금은 틀린 말이야. 여진은 큰 지진이 난 후 일어나는 작은 지진이야. 큰 지진을 따라 일어나는 건 맞지만 여진도 지진이라는 걸 기억해 둬.

휴우, 간신히 흔들림이 멈췄어. 지진이 지나갔나 봐. 하지만 지진이 지나갔다고 안심해선 안 돼. 지진이 일어나게 만든 힘이 한꺼번에 모두 사라지는 게 아니거든.

지진이 일어났던 곳 근처에는 힘이 쌓여 있는 곳이 많아. 지진이 나면 이 부분들도 자극을 받기 때문에 지진이 끝나고 나서도 작은 지진들이 일어날 수 있어. 이것을 '여진'이라고 해. 규모가 가장 컸던 지진을 '본진'이라고 하고 그 앞의 지진은 '전진', 그 뒤에 일어나는 작은 지진들은

'여진'이라고 한단다.

　여진은 한두 번만 일어나고 끝나지 않아. 보통 규모 7.0 이상의 큰 지진이 일어나면 몇 개월이나 길게는 몇 년까지 몇백 회, 몇천 회의 여진이 일어난다고 해.

　2016년 9월 12일 경상북도 경주시에서 일어난 경주 지진은 규모 5.8의 지진이었어. 1978년부터 지진 관측을 시작한 이래 가장 커다란 지진이었지. 경주 지진의 경우 2017년 11월 15일 기준으로 1.5 이상의 여진이 640여 회나 발생했고 현재도 계속되고 있어.

　여진은 규모는 좀 작은 지진이지만 땅이 약해져 있기 때문에 구조대를 위험에 빠뜨리거나 건물을 무너뜨릴 수 있으니 더욱 조심해야 해.

4장 조마조마 지진이야기

01 수영장 사건
바닷물이 넘친다고요?

02 남의 이야기가 아니다
우리나라는 지진 안전지대가 아닌가요?

03 지진을 알아내는 동물들
동물이 지진을 미리 알아차린다고요?

04 지진을 대비해요
지진을 대비하려면 어떻게 해야 하죠?

05 지진에서 살아남기
지진이 일어나면 어떻게 하죠?

[쓰나미]

수영장 사건

6월 7일 목요일 | 날씨 물놀이하기 딱 좋았던 날

친구들이랑 수영장에서 놀았다. 윤석이가 풍덩 뛰어들면서 다이빙 선수를 흉내 냈다. 저 정도쯤이야 식은 죽 먹기지. 나는 더 신나게 뛰어들었다. 은희가 우리를 보고 방정맞다며 놀렸다. 그런데 돌돌이가 뛰어드는 순간 우리들 모두 물에 빠져 죽을 뻔했다. 수영장 물이 다 넘치는 줄 알았다. 아이들이 지진 해일이 일어났다며 소리쳤다. 지진도 무서운데 지진 해일은 얼마나 무서울까?

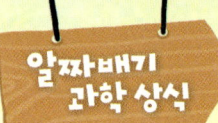
알짜배기 과학 상식

바닷물이 넘친다고요?

쓰나미가 뭐예요?

'쓰나미'는 지진 해일을 가리키는 일본말이야. 섬나라인 일본엔 지진 해일이 많이 일어나. 그래서 지진 해일을 가리킬 때 일본말인 '쓰나미'가 많이 쓰이게 되었단다.

만약 바다 한가운데에서 지진이 나면 어떻게 될까? 건물 피해가 없으니 안심이라고? 그런데 말이야, 아주 무시무시한 걸 대비해야 할지도 몰라.

영화 〈해운대〉를 본 적 있니? 지진 때문에 거대한 파도가 생겨서 육지로 밀려오는 모습이 나오지. 산더미처럼 커진 파도는 어마어마하게 무서운 모습이야. 이게 바로 지진 해일이란다. 다른 말로 쓰나미라고 하지.

쓰나미가 바다 한가운데에서 처음 만들어졌을 땐 파도가 낮아. 하지만 육지로 다가올수록 물이 얕아지기 때문에 파도는 점점 높아지게 된단다.

2004년 인도네시아 수마트라 섬 근처에서 큰 지진이 일어났어. 이 지진 때문에 바다 한가운데에서는 약 1m 높이의 파도가 생겼어. 그런데 파도는 점점 육지로 다다르면서 15m에 달하는 엄청난 쓰나미가 되어서 사람들을 덮쳤단다. 이 쓰나미는 23만 명이 넘는 사람들의 목숨을 앗아가고 말았어.

해안가에서 지진 해일을 보았다면 뛰어서 도망칠 수 있을까? 그렇지 않아. 파도의 속도는 생각보다 무척 빨라. 무조건 해수면보다 15m 이상 높은 곳으로 올라가야 해.

[우리나라의 지진]

남의 이야기가 아니다

| 6월 11일 월요일 | 날씨 땅이 흔들리는 것처럼 느껴진 날 |

선생님께서 우리나라도 지진 안전지대가 아니라고 하셨다. 지진이 나면 어떡하지? 나는 머리가 크니까 일단 머리부터 보호해야 한다. 나는 자전거 헬멧을 쓰고 학교에 갔다. 그런데 불안해서 의자에 앉아 있을 수가 없었다. 책상 밑에서 공부하는 게 훨씬 안전할 텐데. 그런데 정말 우리나라에 지진이 그렇게 자주 일어나고 있는 걸까?

알짜배기 과학 상식

우리나라는 지진 안전지대가 아닌가요?

지진은 다른 나라얘긴 줄 알았어요.

우리나라도 지진 안전지대는 아니란다. 늘 대비하고 있어야 해.

헉. 그럼 앞으로 더 큰 지진이 일어날 수도 있겠네요.

세계 지도를 들여다보면 우리나라는 불의 고리에서 살짝 벗어나 있어. 지진은 주로 판과 판이 부딪히는 경계 부분에서 많이 일어나는데 우리나라는 이 경계면에서 좀 떨어져 있기 때문이야. 하지만 그렇다고 안심해선 안 돼. 우리나라에서도 해마다 크고 작은 지진들이 계속 일어나고 있단다.

우리나라 역사를 살펴보면 적지 않은 지진이 계속 일어났던 걸 알 수 있어. 《삼국사기》(97회), 《고려사》(84회), 《조선왕조실록》(490회) 같은 역사 문헌에 지진에 관한 기록이 많이 실려 있단다.

본격적으로 지진 관측을 시작한 건 1978년부터야. 1978년부터 2011년까지 지진이 발생한 횟수는 970여 회란다. 걱정스러운 건 1990년대 이후 지진 발생 횟수가 점점 늘어나고 있다는 거야. 물론 지진 관측 기술이 발달하고 감시 시설이 늘어났기 때문이기도 해. 하지만 최근 일어나는 지진은 강도도 훨씬 세지고 있어. 2016년 9월에 경주에서 발생한 지진은 규모 5.8이나 되었어. 다친 사람들도 많았고 100억여 원의 재산 피해도 발생했지.

2017년 11월에 포항에서도 규모 5.4의 지진이 발생했어. 이 지진은 지진 관측 이후 경주 지진에 이어 역대 두 번째로 큰 규모야. 이제 우리나라도 안전지대라는 생각은 버리고 한순간도 경계를 늦추어선 안 돼.

더 이상 우리나라도 안전지대가 아니야!

[동물들의 지진 예측]

지진을 알아내는 동물들

| 6월 15일 금요일 | 날씨 바람이 시원한 날 |

동물원으로 체험 학습을 갔다. 동물들한테 지진을 미리 알아차리는 능력이 있다니! 나는 그 말이 진짜인지 너무 궁금했다. 그래서 전시장 유리창을 쿵쿵 두드려 보았다. 코끼리 앞에서는 발을 쿵쿵 굴렀다. 하지만 별 반응이 없었다. 그런데 관리소 아저씨가 나타나서 '지진이 난 줄 알았다!'며 핀잔을 주었다. 아저씨도 아는 걸 동물들이 모르다니. 동물들이 지진을 미리 알아차린다는 말은 정말일까?

알짜배기 과학 상식

동물이 지진을 미리 알아차린다고요?

갑자기 동물들이 이상행동을 하면 지진을 감지한 건 아닌지 살펴보는 게 좋아. 동물들은 미세한 지진파를 감지하는 능력이 있어서 흔들림이 큰 S파가 오기 전에 지진을 미리 알아차릴 수 있단다.

와, 동물원 근처에서 살면 지진은 걱정 없겠어요!

큰 지진이 지나가고 나면 미리 지진을 감지한 동물들의 이야기가 화젯거리가 되곤 해. 지진이 오기 전에 미리 알아차리고 이상한 행동들을 보이는 동물들 이야기지.

1975년 중국 하이청에서 규모 7.3의 지진이 일어났어. 댐까지 무너뜨릴 만큼 강한 지진이었지. 10만 명이 넘는 사상자가 나올 수도 있었지만 희생자가 천여 명에 그쳤어. 미리 동물들의 이상 행동 등을 보고 주민들을 대피시킨 덕분이었어. 이곳에서는 지진이 나기 한 달 전부터

다들 왜이러지?

겨울잠을 자던 뱀들이 백여 차례나 뛰쳐나오고 평소 날지 않는 거위가 날아다녔다고 해. 한겨울인데 나비가 나오고 말이야.

2004년 수마트라 대지진 때에도 해일이 일어나기 바로 전 관광객을 태운 코끼리가 갑자기 산으로 올라갔다고 해. 코끼리가 높은 지역으로 미리 대피하는 바람에 관광객은 귀한 목숨을 구할 수 있었어.

동물들은 사람보다 감각이 훨씬 발달했기 때문에 지진이 일어나기 전 미세한 변화를 감지할 수 있어. 어떤 동물들은 S파가 도착하기 전 P파를 감지한다고도 해.

최근에는 이처럼 땅의 변화를 미리 감지하는 동물들의 행동을 파악해서 지진을 예측하려는 연구를 활발히 진행하고 있단다.

[지진 대비]

지진을 대비해요

6월 19일 화요일 | **날씨** 너무너무 더웠던 날

아빠의 코골이는 정말 대단하다. 게다가 술까지 마시고 오면 엄청 심해진다. 나와 미미와 애기는 아빠의 코골이에 대비하기로 했다. 우선 귓구멍을 꼭 틀어막았다. 그다음엔 이불을 세 겹 뒤집어썼다. 정말 코 고는 소리가 하나도 안 들려서 깜짝 놀랐다. 그런데 문제는 딱 하나! 얼마나 덥고 숨이 막히는지 죽을 뻔했다. 그런데 지진도 이렇게 대비하면 끄떡없을까?

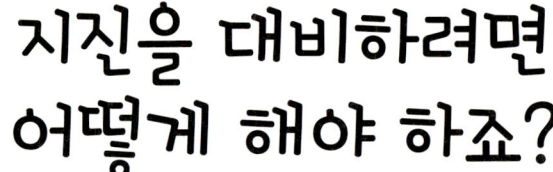

지진을 대비하려면 어떻게 해야 하죠?

지진을 사람의 힘으로 막을 수는 없나요?

지진이 일어나는 걸 막을 수는 없어. 하지만 지진을 미리 대비하면 더 큰 피해를 막을 수는 있지. 첨단 과학을 잘 활용해서 지진을 빨리 예측하고 경보 시스템을 갖춘다면 대피할 수 있는 시간을 벌고 소중한 생명을 살릴 수 있단다.

지진이 일어나기 전에 미리 알 수 있으면 얼마나 좋을까? 안타깝게도 지진이 일어나는 장소나 시점을 정확하게 예측하는 건 어려워. 그래서 미리미리 지진에 대해서 잘 대비해 두는 게 중요해.

우선 지진은 같은 장소에서 되풀이해서 일어날 가능성이 높아. 과거 기록을 잘 살펴서 언제, 어디서, 어느 정도 규모의 지진이 있었는지 자료를 만들어 두는 게 중요해. 그리고 꾸준히 전조 증상을 살피며 관측해야 해. 전조 증상이란 지진이 일어나기 전에 나타나는 이상한 변화나 현상을 말해. 갑자기 지하수 높이가 달라진다든가 이상한

냄새가 난다든가 하는 것 말이야.

　지진이 일어나자마자 빨리 경보를 울리고 대처하게 하는 조기 경보 시스템도 중요해. 지진이 나자마자 P파가 먼저 도착하고 큰 피해를 주는 S파가 아직 도착하지 않았을 때 재빨리 경보를 울려서 발 빠르게 대처할 수 있게 하는 거지. 지진을 예측해서 예보하는 기술은 지금도 더 열심히 연구 중이란다.

　한편, 지진이 일어나도 잘 견딜 수 있는 건물을 세우는 것도 필요해. 이런 설계를 내진 설계라고 한단다.

　집에서는 평소 너무 무거운 물건은 높은 곳에 두지 말고 손전등이나 구급약품, 비상식량, 수건 등을 미리 잘 챙겨 두는 것도 지진을 대비하는 방법이란다.

【 지진이 나면 】

지진에서 살아남기

| 6월 20일 수요일 | 날씨 귀가 아팠던 날 |

엄마랑 아빠가 부부 싸움을 했다. 아빠는 대문을 쾅 닫고 나갔다. 엄마는 그릇을 탕탕 놓았다. 하루 종일 쿵쿵거리고 쨍그랑거리니까 지진이 나는 것처럼 너무 불안했다. 우리들은 짐을 싸서 지진 대피소로 가기로 했다. 그러자 엄마랑 아빠는 깜짝 놀라서 미안하다고 사과를 하셨다. 휴, 다행이다. 그런데 정말로 지진이 일어나면 어떻게 하지?

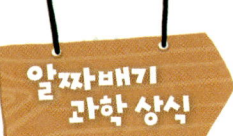

지진이 일어나면 어떻게 하죠?

갑자기 지진이 일어나면 있는 장소에 따라 알맞게 대피해야 해. 지진이 발생하면 기상청에서는 국민들에게 대피 및 안전 안내 문자경보를 발송하고 있어. 경보를 받으면 빨리 안전한 곳으로 대피하도록 하자.

밖에 있을 때랑 안에 있을 때 대피 방법이 다르다고요?

갑자기 지진이 일어나면 어떻게 해야 할까? 우선 당황하지 말고 침착하게 행동해야 해. 실내에 있을 때 지진이 일어난다면 책상이나 식탁 등 탁자 아래로 들어가서 몸을 보호해. 흔들림이 멈추면 전기나 가스를 잠그고 문이나 창문 등을 열어. 만약 건물이 무너지면 문을 열 수 없기 때문이야. 밖으로 탈출할 땐 엘리베이터를 타지 말고 계단을 이용해. 이때 가방 등으로 머리를 보호하면서 재빨리 움직이도록 해. 건물 안에 있다면 비상구가 어디에 있는지 사전에 알아두어야 대피하기가 쉽단다.

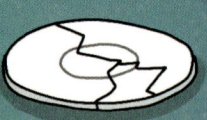

밖에 있을 때 지진이 일어난다면 담장이나 건물 근처에서 멀어져야 해. 떨어지는 물건들에 다칠 수도 있으니까. 운동장이나 공원 같은 넓은 공간으로 빨리 대피하도록 해.

우리 동네에 지정된 지진 대피소가 어디에 있는지 미리 알아두는 것도 좋아. '지진 옥외 대피소'는 2017년 3월 기준 전국 7,661개소가 지정되어 있어. 집이 무너진 이재민 등을 집단으로 구호할 수 있는 '지진 실내 구호소'는 내진 설계가 되어 있는 시설물로 전국 2,276개를 지정하고 있단다. 지진 대피소는 국가공간정보포털(www.nsdi.go.kr) 및 공공데이터포털(www.data.go.kr)에서 확인할 수 있어.

5장 화산과 지진, 이용하며 살아가요

01 날 보러 와요
화산을 보러 가는 이유가 뭔가요?

02 화산재의 두 얼굴
화산이 농사를 도와준다고요?

03 마그마에서 생긴 보석
화산에서 보석이 나온다고요?

04 뜨끈뜨끈 온천
온천은 왜 생겼나요?

05 지열 이용하기
화산에서 어떻게 에너지를 얻나요?

[화산이 만든 것]

날 보러 와요

6월 27일 수요일 | 날씨 하늘은 맑았지만 나는 떨었던 날

수학여행은 참 즐겁다. 오늘은 용암 동굴을 살펴보러 갔다. 용암 동굴은 용암이 흘러가면서 만들어진 거라고 했다. 나는 깜짝 놀랐다. 우리가 동굴을 살펴보는 동안에 용암이 또 흘러내려 오면 어쩌란 말이냐. 선생님께서는 더 이상 용암은 없다고 하셨다. 하지만 자꾸만 용암이 나올 것만 같다. 사람들은 이렇게 무서운 화산을 왜 보러 오는 걸까?

알짜배기 과학 상식

화산을 보러 가는 이유가 뭔가요?

화산섬은 어쩐지 좀 무서울 것 같아요.

화산섬은 볼 것이 아주 많단다. 마그마가 만든 화산 지형이 무척 아름답고 독특하기 때문이야. 우리나라 제주도와 세계적인 관광지로 유명한 하와이도 대표적인 화산섬이지.

마그마가 바다 밑에서 솟구쳐 나오면 어떻게 될까? 여러 번 폭발하면서 화산섬이 만들어진단다. 제주도도 이렇게 만들어진 화산섬이지. 화산섬에는 용암 동굴, 주상절리 같은 특이한 화산 지형이 많아서 관광지로 인기가 높아.

용암 동굴은 용암이 흐르면서 만들어진 동굴이야. 용암이 흘러가다 보면 표면은 식으면서 굳지만 굳은 용암 아래에는 뜨거운 용암이 계속 흐르지. 이렇게 용암이 빠져나가면서 만들어진 지하의 빈 공간이 바로 용암 동굴이란다.

주상절리도 마그마가 만든 대표적인 작품이야. 용암이 땅 위로 흘러나와서 흐르다가 찬 바닷물을 만나면 급하게 식겠지? 이렇게 굳을 때 수축하면서 여러 개의 돌기둥으로 쪼개져서 생긴 지형이 주상절리란다. 육각기둥 모양의 절벽이 죽 늘어서 있는 모습을 보면 마그마의 솜씨에 또 한번 감탄하게 돼.

[화산재]

화산재의 두 얼굴

| 7월 1일 일요일 | 날씨 온종일 뜨거운 날 |

은희가 아침부터 자랑을 했다. 고모부가 사다 준 화산재를 발랐더니 예뻐졌다나 어쨌다나. 나는 정말로 아주 조금밖에 부럽지 않았다. 그런데 딸기가 그러는데 화산재가 덮이면 농사가 잘된다고 한다. 나는 은희가 갖고 있던 화산재를 식물이 시든 화분에 부어 주었다. 은희가 펄펄 뛰었지만 이미 늦었다. 그런데 화산재가 농사에 도움을 준다는 게 정말일까?

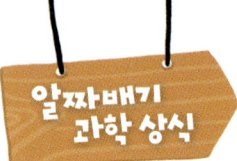

화산이 농사를 도와준다고요?

 일부러 화산 근처에서 사는 사람들도 꽤 많단다. 화산이 무섭긴 하지만 화산재 덕분에 농사짓기 좋은 기름진 땅을 얻을 수 있기 때문이야.

화산재는 나쁜 줄만 알았어요.

화산이 폭발하면 살고 있던 터전을 잃을 수도 있고 동물과 식물들의 서식지가 한순간에 사라질 수도 있어. 하지만 화산 덕분에 새로운 땅이 생기기도 하고 기름진 땅을 얻기도 하지. 이처럼 화산은 두 가지 얼굴을 모두 가지고 있어.

화산재도 마찬가지야. 숨을 쉴 수도 없게 날아와서 마을을 잿더미로 덮어 버리지만 시간이 흐른 뒤에는 탐스러운 농사를 지을 수 있는 비옥한 땅으로 가꾸어 준단다.

저기 봐 **화산재**가 농사를 지을 수 있는 비옥한 땅으로 가꾸어 줬어.

요즘 **화산재** 비누로 씻고 있어.

화산재에는 인, 나트륨, 칼륨 같은 물질들이 들어 있어서 땅에 영양분을 공급해 준단다. 또 화산재가 쌓여서 만들어진 토양에는 구멍이 많아. 그 구멍으로 물과 공기를 충분히 품을 수 있어. 공기가 잘 통하고 물 빠짐도 좋으니 식물이 자라기엔 그만이지.

　화산재에는 식물의 성장에 필요한 성분도 많이 들어 있어. 그래서 화산재가 땅을 덮고 지나간 후 어느 정도 시간이 지나면 땅은 식물이 자라기에 좋은 기름진 땅으로 바뀌게 되는 거야. 또 화산재는 비누나 미용용품으로도 많이 활용되는데 화산재 안에 미네랄 성분이 많기 때문이야.

화산이 만든 보석

마그마에서 생긴 보석

| 7월 3일 화요일 | 날씨 해가 마그마처럼 뜨겁던 날 |

민지가 마그마 보석에 대해서 알려 줬다. 마그마 보석은 얼마나 예쁠까? 나도 꼭 하나 갖고 싶다. 그런데 윤석이가 와서 무언가를 불쑥 내밀었다. 활활 타는 불 속에서 갖고 왔다고 했다. 나는 순간 마그마 보석이 떠올랐다. 그러나 윤석이가 준 것은 군고구마였다. 활활 타는 불 속에서 갖고 온 거 맞네. 그런데 왜 이렇게 슬프냐. 마그마 보석은 어떻게 생겼을까?

화산에서 보석이 나온다고요?

아름다운 보석들도 사실은 자연 현상이 만들어 낸 소중한 작품이야. 자연의 솜씨는 참 놀랍지?

그러게요. 나도 하나 갖고 싶어요.

반짝반짝 빛나는 보석은 참 아름다워. 그런데 이 귀한 보석 중에는 용암이 식으면서 만들어진 것들도 많다는 걸 알고 있니?

화산에서 나온 뜨거운 용암 속에는 특이한 광물 입자들이 많이 녹아 있어. 이 성분들은 용암이 식을 때 함께 천천히 식으면서 수많은 복잡한 과정들을 거쳐 보석 결정이 된단다. 이 결정을 캐낸 다음 깎고 광을 내면 보석이 되는 거지. 이렇게 만들어진 것이 바로 사파이어, 루비, 마노, 제올라이트, 페리도트, 수정 같은 보석들이야.

마노는 마그마 속에 있는 거품에서 만들어지는 보석이야. 아름다운 줄무늬가 새겨져 있는 것이 특징이지. 페리도트는 감람석이라고도 하는데 먼 과거에는 홍해의 작은 화산섬 자바르가드에서만 캘 수 있어서 홍해의 보석이라고 불려 왔단다. 초록빛의 아름다운 보석이지.

제올라이트는 용암 속에 있는 오래된 가스 방울 속에서 자라나. 이 결정은 색깔도 여러 가지고 모양도 다양하단다. 뜨거운 용암에서 알록달록 빛나는 보석이 생겨난다니 참 신기하지?

[온천]

뜨끈뜨끈 온천

7월 8일 일요일 날씨 가족 여행을 간 날

가족 여행을 갔다. 야외 수영장이 있는 곳이어서 좋았다. 수영장 물은 엄청 차갑고 시원했다. 그런데 조금 있으니 어쩐지 물이 뜨뜻해지는 게 느껴졌다. 엄마랑 나는 온천에 온 줄 알았다. 하지만 그게 아니었다. 애기가 쉬를 한 것이다. 아, 차라리 모르는 게 나았다. 그런데 온천은 어째서 물이 뜨끈뜨끈한 걸까?

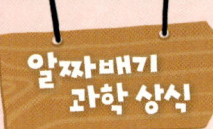 알짜배기 과학 상식

온천은 왜 생겼나요?

 온천은 화산이 주는 대표적인 선물 중 하나야.

 저도 온천이 정말 좋아요!

　　온천은 참 신기해. 누가 불을 때지도 않고 덥히지 않는데도 뜨거운 물이 끊임없이 솟아오르니 말이야. 이것도 마그마 덕분이란다.

　　마그마가 식으면 마그마에 녹아 있던 수증기는 다시 물이 돼. 이 뜨거운 물이 지하수랑 섞여서 솟아 나오는 게 온천물이란다. 마그마 근처에 있던 지하수가 데워지기도 하지. 그래서 온천은 화산 활동이 활발한 곳에 많이 있단다. 일본에는 화산이 많기 때문에 온천도 그만큼 많은 거야. 온천물에는 여러 가지 광물질들이 들어 있어서 혈액 순환도 돕고 피부에 좋다고 알려져 있어.

온천 중에는 뜨거운 물이랑 수증기가 분수처럼 하늘로 치솟는 온천도 있어. 이런 온천을 간헐천이라고 해. 그리고 이런 현상은 하루 종일 일어나는 게 아니라 일정한 시간만큼 간격을 두고 일어난단다. 간헐천이 가장 많은 곳은 미국의 옐로스톤 공원이야. 이곳에는 200여 개가 넘는 간헐천이 있어. 아이슬란드도 뜨거운 온천수가 뿜어 나오는 간헐천으로 꽤 유명한 곳이란다.

[화산과 에너지]

지열을 이용해요

| 7월 12일 목요일 | 날씨 엄마 머리에서 열이 난 날 |

학교에서 지열에 대해서 배웠다. 나는 집에서 지열을 찾기로 했다. 마당에다가 구멍을 깊게 뚫으면 지열이 나올 것이다. 그럼 공짜로 전기를 펑펑 쓸 수 있다. 구두쇠 우리 엄마가 가장 좋아하겠지! 그런데 아무리 파도 뜨거운 게 안 나왔다. 엄마는 뜨거운 건 엄마 머리에서 나온다고 화를 내셨다. 구두쇠 엄마한테 칭찬받으려다가 혼만 나고 말았다. 대체 지열은 어떤 것일까?

화산에서 어떻게 에너지를 얻나요?

펄펄 끓는 지구 속의 열을 이용할 수 있으면 얼마나 좋을까? 아무리 써도 없어지지도 않고 환경에 나쁜 오염 물질이 나오지도 않고 말이야.

이런 지구 속 열을 지열이라고 하고 지열을 이용해서 얻는 에너지를 지열 에너지라고 해. 지열 에너지를 얻으려면 땅속 깊은 곳까지 파야 하는데 쉬운 일이 아니야. 비용도 무척 많이 든단다.

하지만 화산 지대에서는 지열을 쉽게 얻을 수 있어. 그래서 지열 에너지를 연구하고 활발하게 활용하는 곳은 대부분 일본, 미국, 아이슬란드처럼 화산 지대가 있는 곳들이란다.

화산아 고마워~

아이 따뜻해

발전소

증기발생

온수 난방

데워진 지하수

지열을 이용하면 전기도 만들어 낼 수 있어. 이것을 지열 발전이라고 하지. 지열 발전은 석탄이나 석유 같은 화석 연료를 태우지 않아도 되니까 환경을 오염시키지 않는 친환경 에너지란다.

지열로 데워져 있는 온천물을 이용해서 따뜻하게 난방을 할 수도 있지. 이처럼 화산 지대는 위험한 것 같지만 많은 혜택도 주기 때문에 사람들은 계속해서 화산 근처에서 살아가는 것이란다.

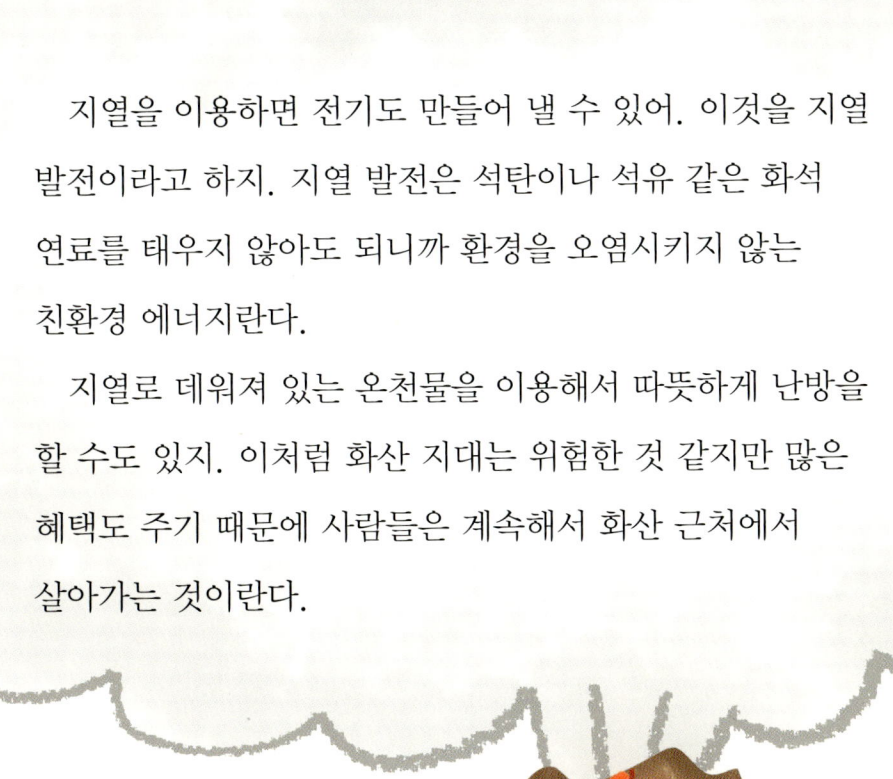

사고력과 집중력이 쑥쑥~ 흔한남매 보드게임 시리즈

곱셉X구구 보드게임

냐하 카드로 냐하 토큰을 연결하는
두뇌 개발 곱셉구구 보드게임!

액체괴물 방탈출 사다리 게임

비밀의 문으로 벽을 통과하고
액체괴물을 만나면 미끄러지는
스릴 만점 방탈출 게임!

냐하 메모리게임

누가 더 집중력과
기억력을 발휘하여
승리할 것인가!

원카드

끝까지 방심할 수 없는
카드 게임, 원카드를
즐겨 보세요!

ⓒ 흔한컴퍼니. All rights reserved.

카드 게임으로 실력이 쑥쑥! 흔한남매 보드게임 시리즈

국기 카드 보드게임

국기 카드와 나라 이름 카드 각각 50장,
특수카드 4장!
국기와 나라 이름의 짝을
맞추는 카드 놀이
보드게임이에요.

관용어 카드 보드게임

관용어의 앞 문장과 뒤 문장 카드를 연결하여
관용어을 완성해 보세요.

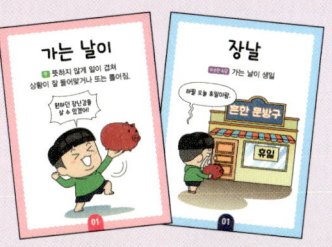

고사성어 카드 보드게임

고사성어에 맞는 뜻풀이를 찾아 보세요.
손에 들고 있는 카드를
모두 내려놓거나 짝을
맞춘 카드 12쌍을 먼저
채우면 승리해요!

(주)학산문화사 발행   ※가까운 서점 및 마트, 인터넷 서점에 있습니다.   ※문의: 02-828-8962